ACHTUNG! IMMER JETZT!

Herstellung und Verlag:
BoD - Books on Demand, Norderstedt
ISBN 978-3-7460-4745-4

Heute bin ich achtsam mit dem Leben.

ACHTUNG!

IMMER

JETZT!

Heute bin ich achtsam mit dem Leben.

Wir schreiben hier unsere Tageswörter ein.

a) Welches Wort leitet mich heute durch den Tag?
b) Welche Wörter haben mich heute durch den Tag geführt?
c) Welches Wort hat mich am meisten berührt?
d) Und wer hat es gesagt?
e) Welches Wort hat mich am meisten gestört?
f) Und wer hat es gesagt?
g) Welche Wörter begleiten mich schon mein Leben lang?
h) Welche Wörter stören mich schon mein Leben lang?
i) Was ist heute mein Lieblingswort?

Ich habe die Worte, das Wort von Menschen gehört, von meinen Gedanken, im Fernsehen, im Radio, am Handy, beim Einkaufen, in der Schule, bei der Arbeit, auf der Straße, im Konzert, im Kino usw.

Heute bin ich achtsam mit dem Leben.

MEIN TAGESWORT lautet:

Heute bin ich achtsam mit dem Leben.

MEIN TAGESWORT lautet:

Heute bin ich achtsam mit dem Leben.

MEIN TAGESWORT lautet:

Heute bin ich achtsam mit dem Leben.

MEIN TAGESWORT lautet:

Heute bin ich achtsam mit dem Leben.

MEIN TAGESWORT lautet:

Heute bin ich achtsam mit dem Leben.

MEIN TAGESWORT lautet:

Heute bin ich achtsam mit dem Leben.

MEIN TAGESWORT lautet:

Heute bin ich achtsam mit dem Leben.

MEIN TAGESWORT lautet:

Heute bin ich achtsam mit dem Leben.

MEIN TAGESWORT lautet:

Heute bin ich achtsam mit dem Leben.

MEIN TAGESWORT lautet:

Heute bin ich achtsam mit dem Leben.

MEIN TAGESWORT lautet:

Heute bin ich achtsam mit dem Leben.

MEIN TAGESWORT lautet:

Heute bin ich achtsam mit dem Leben.

MEIN TAGESWORT lautet:

Heute bin ich achtsam mit dem Leben.

MEIN TAGESWORT lautet:

Heute bin ich achtsam mit dem Leben.

MEIN TAGESWORT lautet:

Heute bin ich achtsam mit dem Leben.

MEIN TAGESWORT lautet:

Heute bin ich achtsam mit dem Leben.

MEIN TAGESWORT lautet:

Heute bin ich achtsam mit dem Leben.

MEIN TAGESWORT lautet:

Heute bin ich achtsam mit dem Leben.

MEIN TAGESWORT lautet:

Heute bin ich achtsam mit dem Leben.

MEIN TAGESWORT lautet:

Heute bin ich achtsam mit dem Leben.

MEIN TAGESWORT lautet:

Heute bin ich achtsam mit dem Leben.

MEIN TAGESWORT lautet:

Heute bin ich achtsam mit dem Leben.

MEIN TAGESWORT lautet:

Heute bin ich achtsam mit dem Leben.

MEIN TAGESWORT lautet:

Heute bin ich achtsam mit dem Leben.

MEIN TAGESWORT lautet:

Heute bin ich achtsam mit dem Leben.

MEIN TAGESWORT lautet:

Heute bin ich achtsam mit dem Leben.

MEIN TAGESWORT lautet:

Heute bin ich achtsam mit dem Leben.

ACHTUNG! IMMER JETZT

MEIN TAGESWORT lautet:

Heute bin ich achtsam mit dem Leben.

MEIN TAGESWORT lautet:

Heute bin ich achtsam mit dem Leben.

MEIN TAGESWORT lautet:

Heute bin ich achtsam mit dem Leben.

MEIN TAGESWORT lautet:

Heute bin ich achtsam mit dem Leben.

MEIN TAGESWORT lautet:

Heute bin ich achtsam mit dem Leben.

MEIN TAGESWORT lautet:

Heute bin ich achtsam mit dem Leben.

MEIN TAGESWORT lautet:

Heute bin ich achtsam mit dem Leben.

MEIN TAGESWORT lautet:

Heute bin ich achtsam mit dem Leben.

MEIN TAGESWORT lautet:

Heute bin ich achtsam mit dem Leben.

MEIN TAGESWORT lautet:

Heute bin ich achtsam mit dem Leben.

MEIN TAGESWORT lautet:

Heute bin ich achtsam mit dem Leben.

MEIN TAGESWORT lautet:

Heute bin ich achtsam mit dem Leben.

MEIN TAGESWORT lautet:

Heute bin ich achtsam mit dem Leben.

MEIN TAGESWORT lautet:

Heute bin ich achtsam mit dem Leben.

MEIN TAGESWORT lautet:

Heute bin ich achtsam mit dem Leben.

MEIN TAGESWORT lautet:

Heute bin ich achtsam mit dem Leben.

MEIN TAGESWORT lautet:

Heute bin ich achtsam mit dem Leben.

MEIN TAGESWORT lautet:

Heute bin ich achtsam mit dem Leben.

MEIN TAGESWORT lautet:

Heute bin ich achtsam mit dem Leben.

MEIN TAGESWORT lautet:

Heute bin ich achtsam mit dem Leben.

MEIN TAGESWORT lautet:

Heute bin ich achtsam mit dem Leben.

MEIN TAGESWORT lautet:

Heute bin ich achtsam mit dem Leben.

MEIN TAGESWORT lautet:

Heute bin ich achtsam mit dem Leben.

MEIN TAGESWORT lautet:

Heute bin ich achtsam mit dem Leben.

MEIN TAGESWORT lautet:

Heute bin ich achtsam mit dem Leben.

MEIN TAGESWORT lautet:

Heute bin ich achtsam mit dem Leben.

MEIN TAGESWORT lautet:

Heute bin ich achtsam mit dem Leben.

MEIN TAGESWORT lautet:

Heute bin ich achtsam mit dem Leben.

MEIN TAGESWORT lautet:

Heute bin ich achtsam mit dem Leben.

MEIN TAGESWORT lautet:

Heute bin ich achtsam mit dem Leben.

MEIN TAGESWORT lautet:

Heute bin ich achtsam mit dem Leben.

MEIN TAGESWORT lautet:

Heute bin ich achtsam mit dem Leben.

MEIN TAGESWORT lautet:

Heute bin ich achtsam mit dem Leben.

MEIN TAGESWORT lautet:

Heute bin ich achtsam mit dem Leben.

MEIN TAGESWORT lautet:

Heute bin ich achtsam mit dem Leben.

MEIN TAGESWORT lautet:

Heute bin ich achtsam mit dem Leben.

MEIN TAGESWORT lautet:

Heute bin ich achtsam mit dem Leben.

MEIN TAGESWORT lautet:

Heute bin ich achtsam mit dem Leben.

MEIN TAGESWORT lautet:

Heute bin ich achtsam mit dem Leben.

MEIN TAGESWORT lautet:

Heute bin ich achtsam mit dem Leben.

MEIN TAGESWORT lautet:

Heute bin ich achtsam mit dem Leben.

MEIN TAGESWORT lautet:

Heute bin ich achtsam mit dem Leben.

MEIN TAGESWORT lautet:

Heute bin ich achtsam mit dem Leben.

MEIN TAGESWORT lautet:

Heute bin ich achtsam mit dem Leben.

MEIN TAGESWORT lautet:

Heute bin ich achtsam mit dem Leben.

MEIN TAGESWORT lautet:

Heute bin ich achtsam mit dem Leben.

MEIN TAGESWORT lautet:

Heute bin ich achtsam mit dem Leben.

MEIN TAGESWORT lautet:

Heute bin ich achtsam mit dem Leben.

MEIN TAGESWORT lautet:

Heute bin ich achtsam mit dem Leben.

MEIN TAGESWORT lautet:

Heute bin ich achtsam mit dem Leben.

MEIN TAGESWORT lautet:

Heute bin ich achtsam mit dem Leben.

MEIN TAGESWORT lautet:

Heute bin ich achtsam mit dem Leben.

MEIN TAGESWORT lautet:

Heute bin ich achtsam mit dem Leben.

MEIN TAGESWORT lautet:

Heute bin ich achtsam mit dem Leben.

MEIN TAGESWORT lautet:

Heute bin ich achtsam mit dem Leben.

MEIN TAGESWORT lautet:

Heute bin ich achtsam mit dem Leben.

MEIN TAGESWORT lautet:

Heute bin ich achtsam mit dem Leben.

MEIN TAGESWORT lautet:

Heute bin ich achtsam mit dem Leben.

MEIN TAGESWORT lautet:

Heute bin ich achtsam mit dem Leben.

MEIN TAGESWORT lautet:

Heute bin ich achtsam mit dem Leben.

MEIN TAGESWORT lautet:

Heute bin ich achtsam mit dem Leben.

MEIN TAGESWORT lautet:

Heute bin ich achtsam mit dem Leben.

MEIN TAGESWORT lautet:

Heute bin ich achtsam mit dem Leben.

MEIN TAGESWORT lautet:

Heute bin ich achtsam mit dem Leben.

MEIN TAGESWORT lautet:

Heute bin ich achtsam mit dem Leben.

MEIN TAGESWORT lautet:

Heute bin ich achtsam mit dem Leben.

MEIN TAGESWORT lautet:

Heute bin ich achtsam mit dem Leben.

MEIN TAGESWORT lautet:

Heute bin ich achtsam mit dem Leben.

MEIN TAGESWORT lautet:

Heute bin ich achtsam mit dem Leben.

MEIN TAGESWORT lautet:

Heute bin ich achtsam mit dem Leben.

MEIN TAGESWORT lautet:

Heute bin ich achtsam mit dem Leben.

MEIN TAGESWORT lautet:

Heute bin ich achtsam mit dem Leben.

MEIN TAGESWORT lautet:

Heute bin ich achtsam mit dem Leben.

MEIN TAGESWORT lautet:

Heute bin ich achtsam mit dem Leben.

MEIN TAGESWORT lautet:

Heute bin ich achtsam mit dem Leben.

MEIN TAGESWORT lautet:

Heute bin ich achtsam mit dem Leben.

MEIN TAGESWORT lautet:

Heute bin ich achtsam mit dem Leben.

MEIN TAGESWORT lautet:

Heute bin ich achtsam mit dem Leben.

MEIN TAGESWORT lautet:

Heute bin ich achtsam mit dem Leben.

MEIN TAGESWORT lautet:

Heute bin ich achtsam mit dem Leben.

MEIN TAGESWORT lautet:

Heute bin ich achtsam mit dem Leben.

MEIN TAGESWORT lautet:

Heute bin ich achtsam mit dem Leben.

MEIN TAGESWORT lautet:

Heute bin ich achtsam mit dem Leben.

MEIN TAGESWORT lautet:

Heute bin ich achtsam mit dem Leben.

MEIN FAZIT nach 116 Tagen:

1. ______________________________
2. ______________________________
3. ______________________________
4. ______________________________
5. ______________________________
6. ______________________________
7. ______________________________
8. ______________________________
9. ______________________________
10. ______________________________
11. ______________________________
12. ______________________________
13. ______________________________
14. ______________________________
15. ______________________________
16. ______________________________
17. ______________________________
18. ______________________________
19. ______________________________
20. ______________________________
21. ______________________________
22. ______________________________
23. ______________________________
24. ______________________________
25. ______________________________
26. ______________________________

Heute bin ich achtsam mit dem Leben.

Heute bin ich achtsam mit dem Leben.